COMPTE RENDU RAISON[NÉ]

DE

L'ASSAINISSEMENT DU CHAMP DE BATAILLE

DE SEDAN

ET

DE LA PARTIE DE LA MEUSE QUI LE TRAVERSE,

PAR

le Dr GUILLERY,

Chevalier des Ordres de Léopold et de la Légion d'honneur,
Professeur à la Faculté et chirurgien à l'hôpital Saint-Pierre de Bruxelles,
Conseiller provincial du Brabant.

BRUXELLES,

IMPRIMERIE & LITHOGRAPHIE DE E. GUYOT,

Rue de Pachéco, 12.

1871

COMPTE RENDU RAISONNÉ

DE

L'ASSAINISSEMENT DU CHAMP DE BATAILLE

DE SEDAN.

COMPTE RENDU RAISONNÉ

DE

L'ASSAINISSEMENT DU CHAMP DE BATAILLE

DE SEDAN

ET

DE LA PARTIE DE LA MEUSE QUI LE TRAVERSE,

PAR

le Dr GUILLERY,

CHEVALIER DES ORDRES DE LÉOPOLD ET DE LA LÉGION D'HONNEUR,

PROFESSEUR A LA FACULTÉ ET CHIRURGIEN A L'HÔPITAL SAINT-PIERRE

DE BRUXELLES,

CONSEILLER PROVINCIAL DU BRABANT.

⸎

BRUXELLES,

IMPRIMERIE ET LITHOGRAPHIE DE E. GUYOT,

Rue de Pachéco, 12.

—

1871

Cet horrible débris d'aigles, d'armes, de chars,

Sur ces champs empestés confusément épars,

Ces montagnes de morts privés d'honneurs suprêmes

Que la nature force à se venger eux-mêmes

Et dont les troncs pourris exhalent dans les vents

De quoi faire la guerre au reste des vivants.

CORNEILLE, tragédie de Pompée.

Honneur au Gouvernement et à l'esprit de la nation belge qui ont compris que leur action mutuelle devait conjurer un immense danger !

Courrier de la Meuse, journal hollandais,
publié à Maestricht.

DÉDICACE.

A son Excellence le Prince Nicolas Orloff.

A vous, mon Prince, qui avez constitué le Comité, dirigé ses débats et partagé nos travaux, ce faible souvenir de celui qui se dit à la fois votre serviteur et votre ami.

Guillery.

Bruxelles, décembre 1871.

COMITÉ BELGE

POUR

L'ASSAINISSEMENT DES CHAMPS DE BATAILLE.

LISTE DES SOUSCRIPTEURS.

S. M. Léopold II, Roi des Belges.

S. A. R. le Comte de Flandre.

S. Exc. le Prince Orloff.

Anonymes 29.

M. Bérardi, Directeur de l'*Indépendance*.

M. Berden (Victor), Administrateur de la sûreté publique.

M. Bouhy (J.), Industriel à Paris.

M. Bouhy (Victor), Directeur général à Engis.

M. Bourson (père), Directeur du *Moniteur*.

M. Bourson (Eugène).

M. Braconnier (Frédéric), Représentant à Liége.

Mme Brugmann.

M. Buquet (père).

La maison Cail J. P. Halot et Ce.

M. Closset (Éverard), Propriétaire à Liége.

Le Comité français de bienfaisance à Moscou.

Croix-Rouge néerlandaise (Sous-Comité de Zaandam.)

M. Dalési.

M. Dallemagne (Guil.), Directeur général à Sclessin.

M. d'Andrimont, ancien Bourgmestre de Liége, Représentant.

M. Dansaert (C.), Agent de change.

M. de Baillet (le Comte E.).

M. de Biolley (le Vicomte), Verviers.

M. de Bylande (le Comte Louis), pour le Comité de la Croix-Blanche à La Haye.

M. De Hasse, Sénateur à Liége.

M. de Knyff (le Chevalier).

M. De la Minne, Industriel.

M. de la Rousselière (le Baron), Liége.

M. de Limburg-Stirum (le Comte Ph.), Sénateur.

M. de Looz-Corswarem (le Comte), Sénateur à Liége.

M. de Myttenaere-Gilbert.

Mme Ve L. de Pachtere.

M. de Pachtere (Emile).

M. de Podestat (le Baron Herman).

M. de Pouhon.

M. Deprez (Jules), Directeur général au Val Saint-Lambert.

Mme de Sauvage-Wercourt, à Liége.

M. de Sélys (Ed.), Sénateur à Liége,

M. de Sinçay (Saint-Paul), Directeur général à Angleur.

Mme de Thiriart (la Baronne).

M. de Villermont (le Vicomte), pour la délégation, à Bruxelles de la Société française de secours pour les blessés des armées de terre et de mer.

M. d'Oultremont (le Comte), Propriétaire à Warfusée.

M. Dremel (Edouard).

M. Dubois de Néhaut (le Chevalier).

M. DU CHASTEL (le Comte Camille).

M. DU MONCEAU DE BERGENDAL, ancien Commissaire d'arrondissement à Nivelles.

M. DU MONCEAU DE BERGENDAL (H.).

M. FORGEUR, Sénateur à Liége.

M. FRESSART, Banquier à Paris.

M. FRESSART (Emile), Propriétaire à Liége.

M. GOLDSCHMIDT (B.-L.).

M. GRATIEN.

M. GRISARD.

M. GUILLERY (H.), Professeur à la Faculté de Médecine.

M. (Habitant des bords de la Néva).

M. JACOBS (Florent), Directeur de la Banque de l'Union.

M. KREGLINGER.

M. LEJEUNE, de Mielen.

M. LESOINNE, au Val-Benoît (Liége).

M. LIBERT (Henri), Banquier à Dinant.

M. LONHIENNE, Sénateur à Liége.

M. MALI (Jules).

M. MARCELLIS, Industriel à Liége.

M. MARCQ, Conseiller honoraire.

M. MOCKEL (Ed.), Directeur général à Ougrée.

M. NAGELMAKERS (Ch.), à Liége.

M. NAGELMAKERS (Ed.), à Liége.

M. PELTZER (Auguste), à Verviers.

MM. les Pensionnaires de l'Hôtel des Messageries, à Namur.

M. RÉGOUT (Pierre), à Maestricht.

M. ROGER (Léopold), au nom du Comité institué à Hal pour venir en aide aux victimes de la guerre.

M. ROLY (le Baron E.), Propriétaire.

M. RONSTORFF.

M. Sadoine (E.), Directeur général à Seraing.

M. Schwalbach (J.), de Berlin.

M. Seinsevin (Paul), au nom du Comité central international.

M. Siltzer (John).

M. Simonis (Ad.), à Verviers.

Mme Simonis (veuve A.), à Verviers.

M. Simonis (Ivan), à Verviers.

M. et Mme Simonis, au Val-Benoît (Liége).

M. Smith, Directeur de la Société des hauts fourneaux d'Ougrée.

Mme Stoardza (la Princesse), à Bade, par l'entremise de M. Maurice Ellissen.

M. Terwagne (N.), Banquier, à Liége.

Monseigneur Théodore, Évêque de Liége.

M. Thonissen, Membre de la Chambre des Représentants.

M. Troye, ancien Gouverneur du Hainaut.

M. Vasseur, Directeur général, à Saint-Léonard.

M. Vernes et Ce, à Paris.

M. Visschers, (Auguste).

M. Vleminckx, Président de l'Académie de Médecine.

M. Warlomont, Membre de l'Académie de Médecine.

M. Zinkel, Directeur général de la fabrique de nickel.

LISTE DES MEMBRES DU COMITÉ.

Son Exc. le Prince ORLOFF, Président.

MM. BÉRARDI, Directeur de l'*Indépendance*.
BERDEN, Administrateur de la sûreté publique.
BOURSON, Directeur du *Moniteur*.
DE MOLINARI, Rédacteur du *Journal des Débats*.
DUBOIS DE NEHAUT (le Chevalier), Président de la So-
ciété de la Nouvelle-Montagne-sur-Meuse.
GUILLERY, Professeur à la Faculté de Médecine.
JOTTRAND, Membre de la Chambre des Représentants.
THONISSEN, Membre de la Chambre des Représentants.
VLEMINCKX, Président de l'Académie de Médecine, etc.
WARLOMONT, Membre de l'Académie de Médecine, etc.
BOURSON (Eugène), Secrétaire.

COMPTE RENDU RAISONNÉ

DE

L'ASSAINISSEMENT DU CHAMP DE BATAILLE

DE SEDAN.

La bataille de Sedan fut livrée le 1er septembre 1870 : elle ne dura qu'un jour et laissa sur le terrain une quantité considérable d'hommes et de chevaux hors de combat (1). Ce jour-là, la température était froide relativement à la saison, le vent soufflait du couchant, et la pluie avait détrempé le sol; cependant l'été avait été des plus chauds et il avait asséché le lit de la Meuse en plusieurs endroits. Les inhumations et les enfouissements furent exécutés en majeure partie par les habitants de Sedan et des villages circonvoisins.

Ce travail disproportionné aux moyens d'exécution fut mal fait, et bientôt on conçut les craintes les plus

---

(1) J'ai rencontré des opinions si différentes sur le nombre des morts à la bataille de Sedan, qu'il ne m'est pas possible de me prononcer à cet égard.

sérieuses sur l'empoisonnement de l'air par des miasmes résultant de la décomposition organique.

M. De Strenge, Sous-Préfet de l'Administration allemande, s'exprimait en ces termes, dans une circulaire datée du 24 février 1871 :

« Il résulte de communications faites par des particuliers à des journaux, que les corps des combattants morts sur les champs de bataille seraient à une si faible profondeur, que les chiens les déterrent et s'enfuient avec des membres arrachés du sol. Les cadavres des chevaux seraient aussi facilement mis à découvert par des nuées d'oiseaux de proie.

» A la suite des gelées exceptionnelles de cet hiver, de larges crevasses se sont produites à la surface et à l'intérieur du sol et il s'en échappait, paraît-il, dans les endroits où se trouvaient des cadavres, des miasmes délétères, de nature à compromettre sérieusement la santé publique. »

L'administration française en était vivement préoccupée. Bien que le champ de bataille fût en dehors de son territoire, le Ministère belge, encouragé par la presse et par les Chambres législatives (1), se mit d'accord avec les autorités allemandes et françaises, et envoya à Sedan des agents sanitaires, avec mission de parer au danger signalé.

M. le docteur Lante, médecin militaire en retraite, qui venait de se distinguer par son dévouement aux

---

(1) A la Chambre des Représentants, MM. Jottrand, Thonissen et Vleminckx avaient été les premiers à signaler le danger et à demander l'intervention active du Gouvernement belge.

blessés des deux armées belligérantes, fut choisi pour être le chef de la mission ; il fut autorisé à s'adjoindre un chimiste, M. Créteur, et un ingénieur civil, M. Michel. M. Wauthier, avocat à Dinant, lui avait spontanément offert son concours.

Un arrêté ministériel du 28 février 1871 définit dans les termes suivants la mission qui fut donnée à M. le docteur Lante :

« Attendu qu'il résulte des renseignements recueillis, que la situation des champs de bataille voisins de nos frontières présente, au point de vue de l'hygiène publique, des dangers sérieux, résultant du mode défectueux suivant lequel ont été pratiqués les inhumations des victimes de la guerre et l'enfouissement des animaux ;

» Considérant qu'il importe d'aviser d'urgence aux moyens de conjurer ces dangers ;

» M. le docteur Lante est délégué à l'effet de visiter les champs de bataille avoisinant nos frontières, d'en reconnaître la situation au point de vue de la salubrité publique et de prendre toutes les mesures qui seront jugées nécessaires pour empêcher que des émanations miasmatiques ne se dégagent des lieux d'inhumation. »

M. Lante partit immédiatement pour Sedan, où il arriva le 3 mars.

De son côté, l'opinion publique s'était émue, et déjà M. de Smedt, d'Anvers et M. Rueff fils, de Bruxelles, avaient émis cette idée que l'intervention du public pourrait seconder activement l'action du Gouvernement,

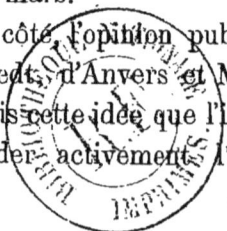

2

lorsque M. le docteur Warlomont publia dans l'*Indé-pendance* la lettre suivante :

« Monsieur le Directeur,

» La santé publique est sérieusement menacée par l'état dans lequel sont laissés les champs de bataille de Sedan et de Metz. Le printemps est proche, et les effluves cadavériques qu'il développera feront bientôt sentir, si l'on n'y prend garde, leur influence délétère.

» S'il vous convenait, M. le Directeur, d'appeler sur ce point l'attention de vos lecteurs et d'ouvrir une souscription dans vos colonnes pour couvrir les frais de travaux à faire, en vue d'empêcher les maux qui nous menacent de ce côté, je vous prierais de vouloir bien m'inscrire pour une première somme de cent francs.

Veuillez recevoir, Monsieur le Directeur, l'assurance de ma considération distinguée.

» Dr WARLOMONT. »

L'*Indépendance belge* appuya vivement l'idée de l'intervention privée, dans un article qui se termine par ces mots :

« Il ne suffit pas de souscrire. Il est indispensable qu'un comité d'hommes compétents se forme pour déterminer les moyens d'arrêter le fléau qui menace de nous envahir, et donner à l'argent des souscripteurs la destination la plus rapide et la plus efficace. »

Dès le lendemain, S. Exc. le Prince Orloff écrivait à M. Berardi la lettre suivante :

« Monsieur le Directeur,

» Je viens de lire dans l'*Indépendance* la lettre que vous a adressée M. le docteur Warlomont, ainsi que votre éloquent appel en faveur d'une souscription qui aurait pour objet l'assainissement du champ de bataille de Sedan. Je m'empresse de vous prier de m'inscrire sur votre liste pour la somme de mille francs.

» Le terrible fléau qui menace la Belgique ne peut être écarté que par des mesures énergiques et prises à temps.

» Au dix-huitième siècle, dans une guerre de la Turquie contre la Perse, des nuées d'insectes, nourris de chair pourrie, apportèrent une épouvantable épidémie dans des provinces russes qui étaient cent fois plus éloignées des champs de bataille que Bruxelles ne l'est de Sedan. Aussi, Monsieur le Directeur, ne puis-je assez vous répéter combien toutes mes sympathies sont acquises à la belle idée que vous patronnez.

» Veuillez recevoir l'assurance de mes sentiments les plus distingués.

» Prince ORLOFF. »

Le 6 mars, l'*Indépendance* publiait une lettre de M. le Chevalier Dubois de Nehaut, Président de la Société de la Nouvelle-Montagne-sur-Meuse, dans laquelle nous remarquons le passage suivant :

« Si donc l'avis si à-propos de M. le Prince Orloff reste lettre morte, et si vous ne formez pas à l'instant une *société de désinfection*, en évitant les lenteurs administratives, il se peut que, dans le courant d'avril, si pas avant, les miasmes de Sedan, charriés par la surface des eaux de la Meuse, viennent, après Dinant, Namur, Huy et Liége, visiter Bruxelles.

„ Veuillez provoquer la souscription en m'inscrivant personnellement pour 500 francs, et agréer l'assurance de mes sentiments les plus distingués. »

CHEVALIER DUBOIS DE NEHAUT.

Le nombre des souscripteurs augmenta rapidement, et le 10 mars, le Comité était constitué.

Dès sa première séance, le Comité donna à M. Dubois de Nehaut la mission de se mettre en rapport avec les chefs des établissements situés en amont de Liége vers Dinant (1). Voulant agir d'après des données certaines, il décida qu'un de ses membres se rendrait à Sedan, pour étudier l'état des choses et voir quelle pourrait être sa part d'intervention. Cette délégation me fut confiée, et le 21 mars je lui adressai le rapport suivant :

« Messieurs et honorés Collègues,

» Me conformant à votre désir, je me suis rendu à Sedan, où je suis arrivé le 16 courant, vers midi.

---

(1) Déjà en 1848, à l'affaire de Risquons-Tout, M. Dubois de Nehaut avait sacrifié aux intérêts de la Belgique une carrière de magistrat, dans laquelle il comptait 28 années de services. Dans cette dernière circonstance, c'est en cherchant à nous être utile, qu'il a été victime d'un accident qui a sérieusement compromis sa santé.

» Ce jour-là, il faisait froid et humide, la neige tombait à gros flocons. Je dus à cette circonstance de rencontrer immédiatement à l'hôtel de l'Europe, où je suis descendu, mes compatriotes, MM. Lante, Créteur et Wauthier ; ils avaient renoncé à se rendre sur le terrain par un temps aussi peu favorable.

» Je me mis immédiatement en relation avec eux, je leur exposai le but de mon voyage, je leur demandai quelques explications relativement à leurs travaux, et nous convînmes de nous rendre ensemble au champ de bataille dès le lendemain matin.

» Je me rendis alors chez M. Malinet, membre de l'administration municipale, auprès de qui j'avais une lettre d'introduction. M. Malinet n'était pas chez lui ; mais il vint me trouver à l'hôtel dans la soirée, et me prévint que deux délégués de l'administration nous attendraient, mes compatriotes et moi, le lendemain, vers neuf heures et demie du matin, à l'hôtel de ville.

» C'est par cette entrevue que commença notre journée du 17. Les deux représentants de l'autorité municipale étaient MM. Gollnisch, premier adjoint du maire de Sedan, et Martinot. Après quelques mots d'explication, il fut convenu en principe que la ville de Sedan, tout obérée qu'elle est, concourrait à la dépense exigée par les travaux de désinfection, et nous donnant le temps de la réflexion, nous remîmes au lendemain la détermination de ce concours.

» Pour nous rendre au champ de bataille, nous sortons de la ville, non loin de l'entrée de la Meuse, et nous arrivons dans une vaste plaine qui fait partie du village de Balan (1).

---

(1) Voir la carte ci-jointe, que je dois à la complaisance de son savant auteur M. le lieutenant-colonel Vandevelde.

Pour entrer dans la prairie, nous suivons un chemin au bord duquel nous sommes étonnés de rencontrer des sépultures marquées par de petites croix en bois ; sur ces croix sont inscrits des noms français : je me rappelle ceux de Dupuis, Petit, Moreau, Gaillard. Nous appelons à nous des habitants du village ; ils nous apprennent que ces braves ne sont pas morts le jour même de la bataille, mais bien quelques jours après, dans une ambulance du voisinage. Leur inhumation a été faite avec soin et à une profondeur que l'un d'eux compare au manche de la bêche qu'il tient à la main. Et, en effet, nous nous procurons un bâton pointu, nous l'enfonçons dans le sol, et nous constatons que rien ne l'arrête.

» Nous demandons si d'autres inhumations n'ont pas été faites dans les environs, précipitamment, le jour même du combat? On nous répond affirmativement, on nous conduit dans la prairie au bord d'un fossé, et on nous dit: « Ici se trouve le corps d'un Allemand, il n'est recouvert que d'une couche légère de gazon. » Et effectivement, en écartant la neige, on voit clairement que du gazon a été enlevé de chaque côté du fossé ; mais cela ne me suffit pas, je veux voir au moins une partie du cadavre ; un piocheur se met à l'œuvre ; chaque pelletée de terre argileuse, compacte, fait un vide qui se remplit d'eau ; cette eau est écartée avec difficulté, mais bientôt nous découvrons, à 30 ou 35 centimètres de profondeur, un pied chaussé d'une botte dont la semelle porte de gros clous. J'en ai assez vu.

» Les habitants du village nous disent qu'il y a dans les environs beaucoup d'inhumations semblables à celle-ci : ils en indiquent dans un potager et dans plusieurs jardins appartenant à des maisons de campagne.

» Nous nous remettons en route, nous traversons Bazeilles et Rubécourt, remarquant de chaque côté de la route des élévations légères, surmontées d'une petite croix : ce sont des sépultures dont il faudra vérifier la profondeur. Nous arrivons à la Moncelle ; c'est ici que nos compatriotes opèrent ; mais pendant qu'une opération se prépare au centre du village, nous nous rendons avec le maire et un ouvrier au bord d'un champ élevé. A proximité d'une haie se trouve un petit tumulus. Des débris de carton, en forme de sous-tasse, font croire qu'une batterie d'artillerie a été placée en ce lieu. Le maire et son ouvrier enlèvent du tumulus une couche de terre profonde à peine de 10 à 12 centimètres, et mettent au jour le cadavre d'un officier allemand.

» L'inhumation, quoique précipitée, n'a pas été faite sans un certain soin respectueux : la tête est plus élevée que le reste du corps ; la face est recouverte par la casquette ; les cheveux et les vêtements sont encore intacts : les traits de la face sont décomposés et méconnaissables. Le cadavre ne répand pas d'odeur appréciable. Il est vrai que le sol recouvert de neige n'absorbe pas encore les rayons de soleil qui échauffent l'atmosphère.

» Un peu plus loin, une petite élévation nous indique l'enfouissement d'un cheval. Il suffit d'enlever la neige pour apercevoir le thorax de l'animal, deux côtes sont mises à nu, la cavité pleurale est ouverte, le moindre coup de pioche entame la peau et la chair. Ici l'odeur est infecte.

» Le maire nous raconte que ce cadavre est déjà depuis quelques jours la proie des corbeaux : le chien d'un habitant du village serait mort pour en avoir mangé. A quelques pas de là, un second cadavre de cheval est enfoui comme le premier. Nous le découvrons avec la même facilité. Nous abandonnons ce champ élevé pour regagner le centre du village. Après avoir décrit une courbe à grand rayon, nous traversons une couche d'air que le vent du nord amène du premier cheval jusqu'à nous : l'odeur est insupportable.

» Revenus au centre du village, dans une pépinière, à proximité d'un cours d'eau, nous apercevons trois cadavres humains encore couverts de leurs vêtements.

» On vient de les déblayer : ils n'étaient enterrés qu'à quelques centimètres au-dessous du sol. On dirait trois corps déposés dans un bassin large et peu profond. Des ouvriers versent dans le bassin environ deux tonneaux de goudron ; sur le goudron, ils jettent du chlorure de chaux. En présence du goudron, le chlore se dégage et protége la santé des assistants. Le goudron est rendu plus combustible par l'addition d'une certaine quantité d'huile de pétrole. Quelques fagots de paille et de bois sont ajoutés au mélange. On y met le feu, et bientôt s'élève une colonne immense de fumée noire et de vapeur d'eau. Dans le bassin, l'incandescence est des plus vives : rien ne résiste à une telle coction. De temps en temps une détonation se fait entendre. MM. Lante et Créteur l'attribuent à ce que les gibernes de ces victimes de la guerre contiennent des cartouches.

» Après deux heures de cette combustion ardente, activée encore par les ouvriers qui, armés de pelles, remuent le goudron enflammé, il ne reste plus que les ossements recouverts d'une couche épaisse de résine concrète. Ces restes sont encore recouverts de chaux, la chaux est recouverte de terre amoncelée formant un tumulus dont la surface est destinée à être ensemencée de chanvre ou d'avoine.

» Pendant l'opération, un homme du village vient se placer à côté de nous ; il est remarquablement pâle et amaigri. — Êtes-vous malade ? lui dis-je. — Oui, je suis atteint de fièvres périodiques. — Condition désastreuse devant des miasmes délétères !

» Nos compatriotes ont déjà opéré dans des fosses contenant plus de cent cadavres superposés ; ils ont obtenu un affaissement de la surface supérieure de 1 mètre 50 centimètres.

» Le procédé qu'ils emploient a été adopté à l'unanimité par le conseil d'hygiène et de salubrité de l'arrondissement de Sedan.

» L'expérience me parut décisive. Le danger existe, mais il est conjuré par un procédé efficace et certain. Nous rentrons en ville pour en sortir encore par un côté opposé. En traversant les fossés des fortifications, nous apercevons des tumuli nombreux : là ont été enfouis des bœufs destinés au ravitaillement de l'armée envahissante et morts de la peste bovine. Ces enfouissements sont-ils bien faits? Il serait prudent de le vérifier.

» Nous arrivons au bord de la Meuse, dans une vaste plaine située en face du château de Bellevue. On nous raconte que des chevaux y ont été immolés par centaines et qu'ils ont été enfouis au bord du fleuve, en un lieu qu'on nous indique avec précision; nous y trouvons des parties de neige convertie en glace par une semi-fusion. Cette neige condensée est jaunâtre et contient bon nombre de bulles de gaz ; j'en prends un morceau dans la main, je l'y fais fondre, et je constate une odeur qui est bien celle de la décomposition cadavérique.

» M. Créteur a déjà étudié cette question des bords de la Meuse : il a son plan ; mais le premier coup de pioche n'est pas encore donné.

» Des cadavres d'hommes ont-ils été jetés dans la Meuse? On me répond : Oui. — Et à cette objection que la décomposition doit les avoir ballonnés et ramenés à la surface de l'eau, on me répond : Le fait était prévu, et les cadavres jetés à l'eau ont été éventrés. Le champ de bataille de Sedan est-il le seul qui puisse menacer notre pays? On me répond : Non, celui de Beaumont le menace tout autant.

« Le 18, à neuf heures et demie du matin, nous nous rendons à l'hôtel de ville, et nous recevons la promesse que MM. Gollnisch et Martinot proposeront au Conseil municipal d'accorder à l'œuvre de la désinfection : 1° douze journées d'ouvriers à 3 francs, soit 36 francs par jour, pendant 2 mois ; 2° tout le goudron nécessaire aux opérations ; 3° tous les transports gratuits sur le territoire de la ville.

» Nos compatriotes désirent pouvoir employer à leurs travaux une douzaine de bons terrassiers flamands. Les représentants de la municipalité n'y voient pas d'inconvénient; cependant, ils désirent l'emploi de quelques ouvriers français.

» Je crois pouvoir conclure de ce qui précède :

» Qu'il y a péril et urgence d'agir ; qu'il y a un commencement d'exécution sur le champ de bataille de Sedan ; qu'il y a intention d'aborder la question de la Meuse ; mais que le champ de bataille de Beaumont n'a pas même été exploré. »

Le Membre délégué,
GUILLERY.

Après avoir entendu ce rapport, le Comité décida qu'il se chargerait spécialement de l'assainissement des bords et du lit de la Meuse, et il demanda au Gouvernement de pouvoir disposer, dans ce but, d'un officier des ponts et chaussées. M. Trouet fut désigné par M. le Ministre des Travaux publics et se rendit de Virton, sa résidence ordinaire, à Sedan, le 3 avril. M. Trouet était spécialement chargé de cette partie des travaux qui appartenait au génie rural : la confiance de mes collègues me chargea de la partie chimique.

A la première séance du Comité, j'avais reçu la visite de M. Peyrat, industriel français, qui était venu nous proposer l'emploi d'un désinfectant qui porte son nom et qu'il compose de la manière suivante :

Chaux grasse en pierres.   2 kilogrammes.
Naphtaline.   1   »
Acide phénique .   .   . 30 grammes.

La chaux se délite dans la naphtaline, l'acide phénique est ajouté en dernier lieu : le produit est une poudre que son inventeur dit désinfectante, insecticide et pouvant servir d'engrais.

Desirant soumettre le produit de M. Peyrat à une expérience concluante, je le priai de venir me trouver le lendemain matin à l'hôpital Saint-Pierre. M. Peyrat, M. Vinck, pharmacien de l'hôpital, les élèves attachés à mon service et moi, nous nous rendîmes à la salle de dissections : mes collègues MM. Vanden Corput et Rommelaer venaient d'autopsier deux cadavres, l'un de varioleux, l'autre de typhysé : l'odeur répandue par ces deux opérations était des plus pénétrantes; quelques poignées du désinfectant Peyrat, préparé à l'instant, suffirent à une désinfection complète. Les cadavres furent laissés en place, et vingt-quatre heures après, ils étaient encore inodores.

J'avais déjà la plus grande confiance dans la chaux et dans l'acide phénique, je devais l'avoir encore dans leur combinaison.

J'indiquai donc à M. Trouet l'emploi du désinfectant

Peyrat, aussitôt qu'il pourrait s'en procurer, et je lui conseillai de s'en tenir, en attendant, pour les cas ordinaires, à la confection de tumuli et à l'emploi de la chaux.

Quelques jours après, S. Exc. le Prince Orloff reçut de M. Trouet un premier rapport qui nous annonçait que les glacis de Sedan étaient entièrement assainis par la désinfection de 70 fosses dans lesquelles étaient accumulés de 1500 à 2000 cadavres de chevaux et de bœufs à peine recouverts de terre.

Un second rapport, en date du 5 mai, nous annonçait la désinfection de 160 fosses. M. Trouet avait achevé ses travaux dans la commune de Claire et assainissait à cette date celle d'Iges. La crue deseaux de la Meuse empéchait encore l'exploration du fleuve.

Désirant se rendre un compte exact des travaux, notre Président partit pour Sedan le 12 mai : j'avais l'honneur de l'accompagner. A notre retour, nous adressâmes au Comité le rapport suivant :

« Bruxelles, le 15 mai 1871.

« Messieurs et honorés collègues,

« Partis le 12 courant par le train de 6 heures 30 minutes, nous arrivions à Mézières vers midi. M. Tirman, le préfet du département des Ardennes, et sa famille, nous ont fait l'accueil le plus cordial : nos travaux sont approuvés, estimés et seraient, au besoin, protégés.

« Après une visite rapide aux ruines du bombardement, nous reprenons notre chemin vers Sedan et nous rencontrons, vers quatre heures de l'après-midi, M. Trouet, à proximité du château de Belle-Vue. Nous descendons de voiture et nous suivons la rive gauche de la Meuse, traversant des prairies marécageuses qui exhalent une odeur nauséabonde : sur la berge du fleuve, nous apercevons un membre antérieur de cheval adhérant encore à son omoplate. Les travaux de M. Trouet ne se sont pas encore étendus jusque-là.

» Nous arrivons à un pont du chemin de fer détruit et en reconstruction ; nous le traversons et nous gagnons sur la rive droite la presqu'île de la Vilette. Mille à douze cents cadavres de chevaux retirés de la Meuse y ont été, dit-on, déposés et enfouis à la profondeur insuffisante de 70 à 80 centimètres. Une douzaine de nos ouvriers y sont occupés à construire des tumuli.

» Nous voulons avoir la preuve de l'existence de ces cadavres ; trois ouvriers se mettent à déblayer, et bientôt nous constatons par la vue, et plus encore par l'odorat, la vérité de ce qui a été dit.

» M. Trouet commence par placer sur cette couche de terre insuffisante une couche de chaux de vingt centimètres d'épaisseur, puis il creuse un fossé circulaire dont il reporte la terre sur la couche de chaux ; la profondeur du fossé est proportionnelle à la quantité de terre nécessaire à un tumulus s'élevant au-dessus des cadavres à une hauteur de 1 mètre 75 centimètres à 2 mètres, en les recouvrant latéralement de la même épaisseur. La partie la plus déclive du fossé est munie d'un canal pour l'écoulement des eaux. La surface supérieure du tumulus est ensemencée de chanvre.

» Les travaux de terrassement et d'assainissement sont exécutés avec une perfection qui fait le plus grand honneur à notre représentant M. Trouet.

» Nous repassons le pont et nous marchons vers la ville, en parcourant toute cette étendue de terre comprise entre un contour de la Meuse et un canal d'abréviation, et qui servit de camp aux prisonniers après la capitulation : partout les travaux d'assainissement sont exécutés avec le même soin. M. Trouet a opéré sur 220 fosses renfermant plus de 5000 cadavres, de chevaux et de bœufs. — Ici les cadavres humains sont l'exception. La désinfection est terminée dans cette partie de la plaine de Belle-Vue qui comprend les territoires de Sedan, Torcy, Claire, Iges, Vilette, Belle-Vue et Frénois.

» Sauf les marécages que nous avons traversés au commencement de notre excursion, il ne reste plus à désinfecter que les berges et le lit de la Meuse. M. Trouet compte employer bientôt vingt-cinq ouvriers à ce travail.

» Dès notre arrivée à Sedan, nous nous rendons chez le sous-préfet M. Brun, qui nous dit qu'une personne digne de foi lui a affirmé que des cadavres humains étaient envasés dans le lit de la Meuse, à proximité de Mouzon. Evidemment, c'est à la vérification de ce fait affirmé par les uns, contesté par les autres, que nous donnerons nos premiers instants. Nous nous proposons de nous rendre à Mouzon le lendemain matin : M. le sous-préfet nous promet de nous y conduire.

» Il était dix heures du matin, lorsque le samedi, 13 du courant, nous arrivions à Mouzon. Le premier personnage officiel que nous rencontrons est le secrétaire municipal : ce fonctionnaire est persuadé que la Meuse ne contient aucun cadavre humain. Le garde champêtre intervient et partage l'opinion de M. le secrétaire : cependant tous les deux s'empressèrent de nous accompagner. En chemin, nous rencontrons M. Dupré, conseiller municipal; il n'a pas d'opinion bien arrêtée. Sur le pont de Mouzon, nous apercevons et nous abordons M. le curé: ce digne ecclésiastique a vu, le jour de la bataille, des soldats se précipiter dans le fleuve, dans le but de le traverser;

plusieurs d'entre eux s'y sont probablement noyés ; la Meuse recèle peut-être encore leurs cadavres ; mais M. le curé croit que nos recherches doivent être dirigées en amont du pont, tandis que le lieu indiqué à M. le sous-préfet se trouve en aval. Nous appelons un batelier : c'est l'ancien concessionnaire de la pêche, un homme qui connaît son fleuve ; il nous prend dans son bateau ; mais il ne peut nous donner aucun renseignement. Cependant les eaux sont à une hauteur moyenne et leur transparence est complète : presque partout nous voyons le lit du fleuve ; en quelques endroits seulement, des herbes épaisses le dérobent à nos regards. Nous approchons d'une île que les hautes eaux couvraient encore, il y a quelques jours ; là, par une disposition de la rive, le courant fait un retour sur lui-même, et l'on comprend que des corps amenés par le courant s'arrêtent en cet endroit comme au fond d'un entonnoir. C'est bien là ce qui a été indiqué à M. le sous-préfet. Les uns sautent dans l'île, les autres restent dans le bateau : l'exploration se fait sur une grande étendue ; nos regards ne découvrant rien, nous avons recours à des perches ; mais ce sondage ne nous apprend rien encore et il a l'inconvénient de troubler la transparence de l'eau. Nous faisons le tour de l'île, nous explorons les environs du pont ; mais nos recherches restent infructueuses. Il faut bien y renoncer, nous sortons de la barque et nous rentrons au village.

» Nous allions nous séparer, lorsque nous voyons arriver un ouvrier. « Tenez, dit le garde champêtre, voilà Launoy ; il vous dira, lui, qu'il n'y a pas un seul cadavre dans la Meuse. » Nous interrogeons Launoy, qui nous répond immédiatement : « Comment, pas de cadavres dans la Meuse! je les ai encore vus, il y a trois jours. — L'un de nous lui dit vivement : « Si vous les avez vus, vous pouvez les montrer.

Nous voulons les voir à tout prix. — Je vais vous les montrer, répond Launoy. Suivons le bord de la Meuse, à gauche
pendant que le garde champêtre ira à droite dire à l'éclusier
de venir nous prendre dans sa barque. »

» Nous marchons pendant une demi-heure dans une prairie
que borde le fleuve, et nous nous arrêtons au niveau de
l'extrémité inférieure d'une écluse de canalisation. L'éclusier
vient nous prendre dans sa barque et Launoy nous conduit,
sans hésiter, en un lieu qu'il doit parfaitement connaître : il
regarde attentivement le fond de l'eau et il nous dit : « Je les
vois ! » Nous apercevons effectivement, à plus d'un mètre de
profondeur, des surfaces blanchâtres que des observateurs
non prévenus auraient prises pour de larges pierres calcaires.
Une surface plus petite que les autres semble s'élever au-
dessus d'elles : C'est une main, dit Launoy. Ces assertions
deviennent vraisemblables, mais elles ne nous suffisent pas.

» M. Trouet, dans le but de faciliter nos recherches, avait
déposé dans la barque un trident en fer, courbé sur le plat et
monté sur un manche en bois long et solide. Nous demandons
à Launoy d'en faire usage et de détacher, si c'est possible, un
de ces corps des matériaux, vase et cailloux, qui l'enchâssent.
A peine le trident a-t-il imprimé un mouvement au corps
blanchâtre, qu'un volume considérable de gaz se dégage,
monte à la surface et infecte l'air que nous respirons. L'eau
perd sa transparence ; des flocons de putrilage sont entraînés
par le courant. Ce n'est que quelques instants après que
nous reconnaissons une forme humaine : c'est le cadavre
d'un soldat français encore recouvert de son uniforme. Le
drap a mieux résisté que le tissu organique ; partout où le
drap les recouvre, les membres sont restés entiers ; où le
drap manque, les os sont dénudés. Une main se détache de
son avant-bras par la seule force du courant. Nous combi-

nons nos efforts et nous parvenons à déposer le cadavre sur le gazon de la rive.

» Nous nous hâtons de retourner au village pour y prendre des matières désinfectantes et une toile d'ensevelissement. Chemin faisant, Launoy nous explique comment les choses se sont passées. Le 30 août, jour de la bataille, les eaux étaient tellement basses qu'une partie du lit de la Meuse était à sec. Douze ou treize cadavres étaient réunis au bord du fleuve; Launoy se chargea de leur inhumation et crut bien faire en creusant leurs fosses dans cette partie du lit que les eaux avaient abandonnée. Les fosses n'étaient pas profondes et chaque cadavre fut recouvert des matériaux extraits de la sienne. A la débâcle du printemps, la force du courant nivela le fond du fleuve; les abdomens ballonnés furent dépouillés de la partie de vêtement qui les recouvrait : c'est là ce que nous avions aperçu sous l'apparence de grosses pierres blanchâtres.

» Nous avions rencontré dans Launoy l'auteur d'un des faits les plus antihygiéniques que nous ayons constatés; mais nous nous empressons de le dire : par sa franchise et sa bonne volonté, il mérite bien qu'on lui pardonne. Ces cadavres en partie cachés sont dangereux dans l'eau, ils le seraient plus encore si la sécheresse les mettait à découvert.

» Nous trouvons chez le pharmacien du village trois kilogrammes de sulfate de fer et une centaine de grammes de perchlorure : c'est plus qu'il n'en faut. Une forte toile sera trempée dans une solution concentrée de ces sels; le cadavre sera enveloppé dans la toile, déposé dans une fosse profonde, arrosé avec le reste de la solution et recouvert de terre. Launoy et le garde champêtre se chargent de tout exécuter convenablement.

» Donc, il y a des cadavres dans la Meuse, et comme il y en

3

a à Mouzon, il peut y en avoir encore autre part. La Meuse doit être explorée, draguée dans une partie de son parcours, et déjà M. Trouet, notre digne représentant, à fait exécuter, dans ce but, des instruments ingénieux.

„ Revenus à Sedan, nous y trouvons M. Peyrat, le désinfecteur de Paris, que nous avions convoqué depuis plusieurs jours, dans la prévision des travaux spéciaux dont nous venions d'avoir le spécimen. Nous avons adjoint M. Peyrat à M. Trouet, désirant que tout se passe comme à Mouzon, avec cette différence que le désinfectant Peyrat, substitué aux sels de fer, soit appliqué sur le cadavre au moment même de sa sortie de l'eau.

„ M. Trouet croit pouvoir terminer dans un mois tous les travaux qui lui sont confiés. Avant son départ, il déposera à la sous-préfecture assez de matière désinfectante pour obvier à tout événement ultérieur, tel qu'une crevasse dans un *tumulus* ou un nouveau cadavre découvert dans la Meuse.

„ Nous avons quitté Sedan le dimanche matin, persuadés que le Gouvernement belge avait entrepris un travail indispensable et que notre Comité doit à sa bienveillance d'avoir un représentant à la hauteur de sa mission.

Le Président,
Prince ORLOFF.

Le Membre délégué,
GUILLERY.

Nous devions à l'intelligente activité de M. le Sous-Préfet la possibilité de résoudre en aussi peu de temps le problème de la recherche des cadavres dans la Meuse. Qu'il veuille bien recevoir ici l'expression de notre gratitude.

Nous reconnaissons aujourd'hui que nous avions rencontré une rare exception ; car les victimes dont nous venions de voir les cadavres avaient été, non pas noyées, non pas jetées dans le fleuve, mais inhumées dans son lit asséché : leur nombre était peu considérable, et il est probable que nous n'en aurions pas trouvé un seul dans ces conditions-là, si la bataille n'avait pas eu lieu après un temps de sécheresse. Je ne puis attribuer cette singulière idée d'inhumer dans le fond du fleuve qu'à la crainte de contrarier le cultivateur du champ voisin.

M. Trouet adressait au Comité des rapports fréquents et détaillés. Voici quelques passages de ces rapports :

Sedan, 19 mai 1871.

« J'ai occupé neuf de mes ouvriers à assainir la prairie située entre Torcy et Sedan, dans laquelle on a enfoui, dit-on, 400 bœufs dans 40 fosses. J'en découvre encore tous les jours dans cette prairie et dans les jardins de Sedan et de Torcy. Je compte cependant que l'assainissement de Sedan sera terminé au commencement de la semaine prochaine à la grande satisfaction des habitants.

» La seconde partie de mes ouvriers continue à travailler dans l'île située près du pont de la Vilette. Cette île est littéralement recouverte de tumuli énormes, et ce travail est d'autant plus lent que, ne pouvant y creuser des fossés afin d'avoir des terres à volonté, les tumuli y sont faits avec des terres d'emprunt. Je compte que l'assainissement de cette île sera terminé dans quatre jours. En résumé, j'ai déjà opéré en tout sur 270 fosses, renfermant au moins 6000 cadavres.

» Il y a trois jours, j'ai fait une reconnaissance des rives de la Meuse, en aval de Donchéry, où l'on m'avait signalé un grand nombre de fosses. Effectivement, entre Donchéry et Vrigne-Meuse, j'en ai trouvé 18 grandes renfermant, m'a-t-on dit, 500 cadavres de chevaux retirés de la Meuse. Entre Vrigne-Meuse et Dom-le-Mesnil, j'en ai trouvé 3 dont la plus grande renferme 340 chevaux, la deuxième 140 et la troisième 15, en tout 495. A 500 mètres en aval de Dom-le-Mesnil, tout près de la Meuse et de la station du chemin de fer, on m'a montré 4 fosses énormes renfermant, m'a-t-on affirmé, 2,000 cadavres de chevaux : je n'en suis, du reste pas étonné, car j'en ai mesuré une : elle a 54 mètres de long sur 6 de large ; les trois autres ont à peu près les mêmes dimensions. »

Sedan, 23 mai.

» Je suis arrivé à Mouzon hier, à 10 heures du matin; je me suis mis aussitôt à la recherche d'ouvriers et d'une barque, et le soir j'avais déjà retiré 13 cadavres de la Meuse : 11 à l'endroit d'où vous en avez vu extraire 1, et 2 à 30 mètres plus bas : ceux-ci n'étaient pas visibles, étant recouverts d'une couche de gravier, mais je suis parvenu à les saisir avec mes crochets et à les retirer de l'eau.

» Aujourd'hui, j'en ai retiré 2 qui avaient été enterrés à 20 mètres en amont ; ils étaient recouverts de 30 centimètres de gravier et de 1 mètre d'eau. J'ai eu mille peines à les avoir. J'ai donc retiré 15 cadavres : si l'on ajoute celui qui a été retiré sous vos yeux, cela fait 16.

» On m'en a renseigné 3 autres à 1000 mètres plus bas, mais on n'a pu m'indiquer leur emplacement précis : il y avait trop d'eau, je n'ai pu les trouver malgré mes crochetages multipliés ; on ne pourra les retirer que plus tard, lorsque les eaux seront encore moins hautes.

» J'ai acheté de la toile que j'ai fait couper en parties de 2 mètres de longueur ; je mouille une de ces parties, je la fais étendre près du bord de la rivière, je la saupoudre de produit Peyrat, j'y fais déposer le cadavre que je recouvre également d'une couche de ce produit, et je le fais transporter dans une fosse profonde, creusée à l'avance ; cette opération dure deux minutes et se pratique sans dégagement d'odeur putride. Ni mes ouvriers, ni moi, nous n'avons été incommodés. Vous voyez que c'est bien simple et très-sûr. »

En conséquence de ce rapport, notre Président crut devoir attirer l'attention de M. le Ministre de l'Intérieur sur la corruption inévitable des eaux de la Meuse, et sur les dangers qui pourraient en résulter pour ceux qui font usage de ces eaux.

C'est alors que M. le Ministre de l'Intérieur adressa la dépêche suivante à MM. les Gouverneurs des provinces de Liége, dé Limbourg et de Namur.

« Monsieur le Gouverneur,

» Le Comité belge pour l'assainissement des champs de bataille avoisinant Sedan a fait retirer tout récemment plusieurs cadavres du lit de la Meuse. Il est à supposer que d'autres cadavres se trouvent ensevelis dans le fleuve, et devront en être retirés successivement dans le cours des opérations de désinfection que poursuit en ce moment le Comité belge.

» Or on a constaté que les cadavres, au moment où l'on en pratique l'extraction, abandonnent au courant une partie notable de leur substance, qui se détache sous forme de gru-

meaux. La corruption des eaux du fleuve par le mélange de
ces matières en putréfaction peut offrir, particulièrement
pendant les chaleurs, des dangers contre lesquels la pru-
dence conseille de protéger les populations, en leur recom-
mandant de s'abstenir de ces eaux et d'y pêcher jusqu'à la fin
du mois de juin.

» Je vous prie, Monsieur le Gouverneur, d'appeler sur cet
objet l'attention des autorités communales. »

» *Le Ministre de l'Intérieur*,
» KERVYN DE LETTENHOVE. »

Où pourrait-on trouver un plus bel exemple de l'action combinée du pouvoir central avec celle d'un Comité
improvisé et sorti de l'opinion publique dans un but
pressant, grave, humanitaire? Aussi, la réussite a-t-elle
été complète. On n'a pas cité le nom d'une seule victime
de l'infection du champ du bataille.

Un dernier rapport de M. Trouet contenait les renseignements suivants :

« Virton, le 4 juillet 1871.

» J'ai opéré dans onze communes. Le nombre des fosses
désinfectées n'est pas considérable : il est de 330 ; mais, en
revanche, la surface occupée par les tumuli exécutés est
de 1 hectare 21 ares et 10 centiares, ce qui est considérable ; mais cela s'explique, lorsque l'on sait qu'il y a un
grand nombre de tumuli qui occupent une surface de 3 à
4 ares chacun.

» J'estime, d'après mes données et d'après le dire des habitants, que ces fosses renferment de 8 à 9 mille cadavres
de chevaux, 1500 de bêtes à cornes et 300 d'hommes.

» J'ai retiré de la Meuse 23 cadavres humains et 4 de chevaux. »

Du 10 mars au 25 avril, la crémation des cadavres, telle que je l'ai décrite dans mon rapport du 21 mars, avait été le seul mode de désinfection employé par M. Créteur; mais, à partir de cette époque (25 avril), les autorités allemandes montrèrent une telle antipathie pour cette opération, qu'il fallut y renoncer. C'est qu'en effet, la crémation n'est plus dans nos mœurs. Bon nombre de familles allemandes venaient réclamer les cadavres de leurs parents pour leur faire des funérailles dignes d'elles et dignes d'eux. L'autorité militaire se crut obligée d'interdire l'emploi d'un procédé qui ne lui permettait pas d'obtempérer à d'aussi pieux desseins.

La conservation des cadavres humains pendant quelques semaines avant leur inhumation, devrait donc être une des conditions d'un bon procédé d'assainissement des champs de bataille.

D'après M. Lante, M. Créteur aurait opéré la désinfection de 3213 fosses, dont 1986 renfermaient des cadavres humains et 1227 des cadavres d'animaux.

M. l'ingénieur Michel, qui a employé la chaux et construit des tumuli, a assaini 902 fosses occupant une surface de plus de 9000 mètres carrés.

La mission des délégués du Gouvernement avait duré du 10 mars au 20 mai.

La mission du délégué du Comité avait duré du 3 avril au 26 juin.

Un dernier rapport de M. Lante, daté du 6 octobre, constate que les travaux exécutés sous sa direction n'ont pas souffert des chaleurs de l'été et qu'ils sont en parfait état de conservation.

Je me suis rendu à Sedan, accompagné de M. Trouet, le 28 septembre, et nous avons aussi constaté que nos tumuli n'ont souffert ni des injures du temps, ni du soc de la charrue. Il est vrai de dire que, si nous devons ce résultat à la solidité de nos travaux, nous le devons aussi à l'active surveillance dont M. le Sous-Préfet ne cesse de les entourer.

Depuis son retour de Sedan, M. Créteur a publié sur l'hygiène des champs de bataille un ouvrage digne d'intérêt.

Le premier chapitre traite de l'influence de l'air après les batailles. L'air est vicié par la combustion de la poudre et par l'encombrement : de là vient la recommandation de pratiquer le moins possible d'opérations chirurgicales sur les champs de bataille et d'en éloigner les ambulances le plus possible.

Les chapitres II et III traitent de l'influence du sol, de l'eau et des situations géographiques sur la décomposition des matières animales. L'auteur conclut que les terrains siliceux et calcaires sont le plus favorables à une décomposition rapide; que les terrains schisteux le sont moins et que les terrains argileux sont ceux qui la retardent le plus. Tout en admettant que l'eau hâte la décomposition, il a observé que dans les vallées humides des Ardennes, exposées au nord et à l'est, les cadavres se conservent bien, quoique plongés dans l'eau.

Les expositions sud et ouest, surtout sur les hauteurs, sont celles qui semblent être le plus favorables à une décomposition rapide.

Le chapitre IV traite de l'influence des vêtements et des débris de guerre. La laine conserve mieux que le coton. La poudre à canon absorbe l'humidité, se liquéfie et accélère la décomposition des parties organiques avec lesquelles elle est en contact.

Le chapitre V est consacré à l'étude des miasmes. Après une dissertation scientifique sur leur nature encore inconnue, M. Créteur attribue le danger de leur absorption à celle des gaz méphitiques dont ils sont composés.

Les chapitres VI et VII traitent des agents de désinfection. Il y a trois indications à remplir :

1° Désinfecter l'air ambiant;

2° Désinfecter le sol imprégné;

3° Neutraliser les agents producteurs de gaz nuisibles.

L'auteur répond à ces trois indications par une seule opération, la crémation, qu'il regarde comme le remède par excellence : elle agit par la chaleur et par les gaz qui se dégagent pendant la combustion des matières employées.

A la fin du chapitre VII, il se livre à des expériences comparatives sur les propriétés désinfectantes : 1° de l'acide phénique cristallisé pur; 2° de l'eau saturée du même acide; 3° de l'acide azotique dilué; 4° de l'acide chlorhydrique dilué; 5° d'une solution de sulfate ferreux; 6° du chlorure de chaux; 7° du chlore gazeux, et il arrive aux conclusions suivantes :

Le chlorure de chaux, l'acide azotique, le sulfate de fer et surtout le chlore gazeux doivent être regardés comme de véritables désinfectants, tandis que l'acide chlorhydrique, loin d'être un désinfectant, exalte l'odeur cadavérique. Enfin, l'acide phénique n'agit pas chimiquement sur les gaz méphitiques.

Il est regrettable que M. Créteur n'ait pas expérimenté le perchlorure de fer; mais, depuis la publication de son ouvrage, j'ai appris de lui-même qu'il regarde une solution en parties égales de chlorure de chaux et de sulfate de fer comme jouissant de propriétés antiputrides énergiques. J'ai encore appris de lui qu'il reconnaît à l'acide phénique la propriété de ralentir la décomposition organique aussi bien que la fumée produite par la combustion du bois, aussi bien que la créosote.

Le livre de M. Créteur est l'œuvre d'un observateur attentif et studieux; il mérite d'être lu et médité.

La bataille de Sedan avait eu lieu le 1er septembre; M. Créteur a entrepris ses travaux le 10 mars, c'est-à-dire plus de six mois après : on comprend qu'il ait trouvé l'air infecté et le sol imprégné; mais telles sont précisément les conséquences que l'on pourrait éviter par une intervention immédiate et active. Alors les données du problème changeraient et avec elles les moyens de le résoudre.

Dans cette question de l'assainissement des champs de bataille, faut-il songer à l'avenir? Je penche pour l'affirmative. Très-probablement, la guerre de 1870 ne sera pas la dernière. Les découvertes modernes : la navigation à vapeur, les chemins de fer, la télégraphie électrique, qui devaient rapprocher les nations et leur démontrer la communauté de leurs intérêts, n'ont rendu les guerres ni moins fréquentes, ni moins homicides. La guerre dont nous venons d'être témoins a éclaté pour un motif futile (du moins en apparence), un an après la percée de l'isthme de Suez, un an avant la percée du mont Cenis. Les progrès des arts et des sciences n'adoucissent donc pas notre ardeur martiale. L'homme naît guerrier comme il naît carnassier : si la seconde de ces qualités se démontre par son organisation, la première se démontre par les faits et elle ne paraît pas moins inhérente à sa nature. Il faut en prendre son parti et aviser.

D'ailleurs la guerre est-elle un mal sans compensation? Evidemment non. Elle nous rapproche, elle, par l'idée d'un danger commun. Elle met en relief les hommes supérieurs, tandis qu'une paix trop longue est favorable aux médiocrités. Elle ouvre une brillante carrière aux plus nobles vertus. Je ne sache pas qu'aucune religion ait condamné la guerre, témoin l'invocation au Dieu des armées, la bénédiction des drapeaux et l'érection des temples de victoire. Si l'apostolat a civilisé certains peuples, la guerre en a civilisé d'autres. La guerre n'a-t-elle pas souvent puni la corruption des vaincus et tempéré la fierté des vainqueurs?

Dans la prévision des guerres qui auront encore lieu, il faut maintenir et fortifier l'œuvre de la Croix-rouge pour les blessés, et il faudrait créer une œuvre nouvelle pour les morts. La Croix-noire, tel pourrait être le nom de la nouvelle institution, serait l'amplification de notre Comité, devenu international et permanent, agissant avec un personnel expérimenté et des procédés déterminés d'avance.

M. le docteur Lante, dans son dernier rapport daté du 6 octobre (1), assigne aux armées victorieuses le *devoir* de ramasser tous les morts qui couvrent le champ de bataille et de leur faire des funérailles convenables. Nous pensons que les vainqueurs n'ont pas plus que les vaincus le temps de s'occuper de funérailles. La journée du lendemain n'aura-t-elle pas ses événements? Le vainqueur veut garder ses avantages, le vaincu veut réparer ses pertes. A peine a-t-on le temps de secourir quelques blessés.

Évidemment la question des morts est humanitaire et internationale au moins autant que celle des blessés.

Supposez l'installation de la Croix-noire : Dès le lendemain du combat, l'œuvre enverrait sur le terrain ses délégués, chefs et ouvriers. Les chefs se mettraient en relation avec les autorités locales et avec les chefs des parties belligérantes; car tout devrait se faire de commun accord. Les ouvriers se diviseraient en deux séries : la première s'occuperait de l'ensevelissement des cadavres humains, la seconde de l'enfouissement immédiat et profond des chevaux et des bestiaux, et même de leur crémation.

(1) *Moniteur belge* du 14 octobre 1871.

L'ensevelissement des victimes humaines se ferait de la manière suivante : une pièce de coton de toile ou de laine, d'un tissu épais, carrée, de deux mètres de côté, serait trempée dans une solution d'acide phénique à deux pour cent. Le cadavre non déshabillé serait enveloppé dans la pièce d'étoffe imbibée. Avec des matériaux préparés d'avance, un tel ensevelissement ne dùrerait pas deux minutes. Les cadavres ensevelis et gardés à vue pourraient être déposés dans un lieu frais, une cave, un hangar, un bois, placés sous une tente ou recouverts d'une légère couche de terre. Ils pourraient être arrosés fréquemment, selon la chaleur du temps, avec la solution phéniquée. Chaque cadavre porterait un numéro correspondant au numéro d'un registre où se trouveraient indiqués la nation, le corps et, si c'était possible, le nom du défunt. La recherche d'un parent ou d'un ami deviendrait chose facile.

Voici sur quelle expérience je me base pour préconiser l'acide phénique.

Le 20 octobre dernier, dans une salle attenante à la salle de dissections de l'hôpital Saint-Pierre, j'ai enseveli le cadavre d'un homme vigoureux, mort l'avant-veille, dans une couverture de coton imbibée de cinq litres de la solution à deux pour cent d'acide phénique ; je l'ai placé sur une table de bois et j'ai été le voir presque tous les jours.

La température de la salle, qui était de 14 degrés centigrades les premiers jours, n'est presque jamais descendue en dessous de 5.

Nous avons remarqué, mes élèves et moi, que la couverture de coton gardait longtemps son humidité ; ce que nous avons attribué à l'affinité de l'acide phénique pour l'eau.

Nous avons arrosé avec un litre d'eau phéniquée, le 23 et le 29 octobre, le 3, le 13, le 21, le 27 novembre et le 4 décembre. A cette dernière date, nous avons constaté que le cadavre, tout en se décomposant lentement (décomposition démontrée par de larges taches bleues), diminuait de volume, se ratatinait et ne répandait aucune odeur appréciable.

Évidemment, la solution d'acide phénique pourrait être remplacée par toute autre solution préservatrice ou désinfectante, telle qu'une solution de perchlorure de fer ou telle qu'une solution de ce mélange, préconisé par M. Créteur, de sulfate de fer et de chlorure de chaux, en parties égales. Il n'est pas douteux qu'on ne parvienne ainsi à retarder la décomposition organique et à gagner du temps : ce qui est le point essentiel de la solution du problème. Avec du temps les choses peuvent se passer convenablement.

L'agriculture ne s'accommode pas facilement des inhumations faites en plein champ et encore moins des tumuli qui les surmontent : aussi, ce qu'il y aurait de mieux à faire serait, me paraît-il, de demander à l'autorité locale un terrain spécial et d'y faire un cimetière pour la circonstance. C'est ainsi que l'autorité militaire prussienne a agi à Floing, où elle a acquis un terrain qui peut avoir 60 mètres de longueur sur 20 de largeur.

Quant aux cadavres retirés d'un ·fleuve, comme ceux que nous avons retirés de la Meuse, il y a là un fait tellement exceptionnel, que je ne crois plus devoir m'en occuper.

Tels sont les procédés employés et ceux qui pourraient l'être.

Aux progrès des sciences qui détruisent, puissé-je avoir opposé les progrès des sciences qui préservent, qui réparent et qui consolent !

CONCLUSION.

Après une guerre meurtrière, il est de l'intérêt et du devoir des nations voisines non belligérantes d'intervenir, dans le but d'assainir les champs de bataille.

Si l'intervention a lieu immédiatement après le combat, les cadavres humains seront conservés pendant quelques jours et même pendant quelques semaines, par des procédés chimiques. Les chevaux et les bestiaux seront enfouis profondément ou réduits par le feu (crémation).

Le procédé le plus pratique pour la conservation des cadavres humains est celui qui consiste à les ensevelir dans une pièce d'étoffe imbibée d'une solution désinfectante, telle que l'eau phéniquée, et à les arroser de cette eau jusqu'au moment où l'on pourra les inhumer dans un lieu convenable. Si l'intervention n'a lieu que plusieurs semaines ou plusieurs mois après le jour du combat, et s'il y a lieu de parer aux dangers qui pourraient résulter d'inhumations et d'enfouissements mal faits, il faudra surtout s'abstenir d'exhumations. Les cadavres humains seront désinfectés, autant que possible, par la chaux, la chaux phéniquée, le chlorure de chaux, le perchlorure de fer ou le sulfate de fer et recouverts de tumuli. Les cadavres d'animaux seront traités par les mêmes procédés ou par la crémation.

Dans des circonstances aussi graves, l'action des Gouvernements se combinera utilement avec l'action des particuliers, dirigée par des comités ou par une grande institution dont on pourrait jeter les bases dès aujourd'hui.

ANNEXES.

1° Rapport de M. Eugène Bourson, Secrétaire du Comité.

2° Rapport de M. Albert Brun, Sous-Préfet de Sedan.

3° Carte stratégique des environs de Sedan, par M. le Lt-Colonel Vandevelde.

4

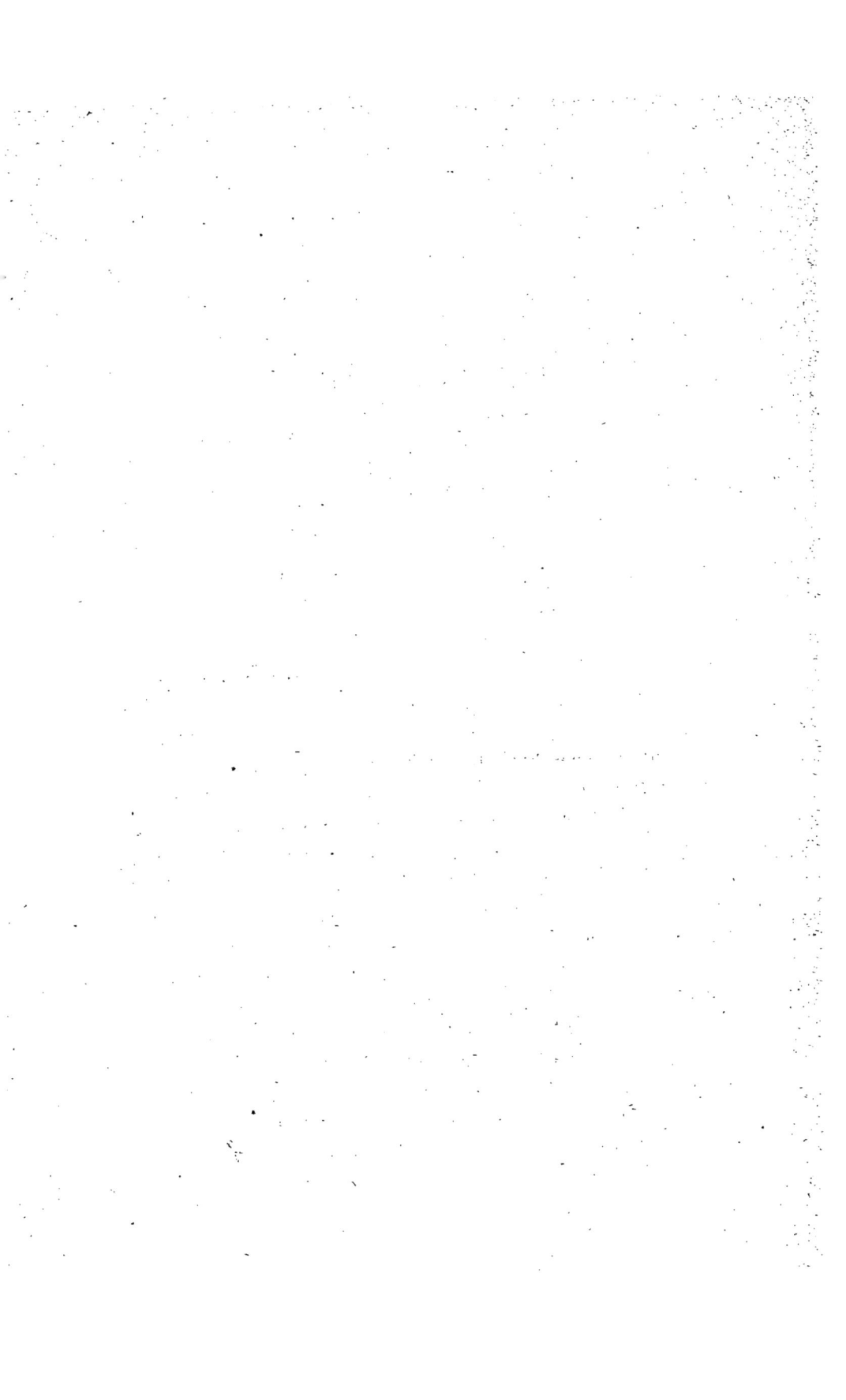

Rapport présenté au Comité pour l'assainissement des champs
de bataille, par M. Eug Bourson. Secrétaire

Bruxelles, le 16 juillet 1871.

Messieurs et honorés collègues,

Peu de temps après les combats dont les environs de Sedan
ont été le sanglant théâtre, MM. Rueff, de Bruxelles et De
Smedt, d'Anvers, avaient jeté dans différents journaux une
idée analogue à celle qui nous a réunis et qui prit corps
aussitôt que le permirent les circonstances.

C'est au commencement de mars, le 8, et peu après la
signature des préliminaires de la paix, que se constitua notre
Comité dont la présidence fut unanimement déférée à M. le
Prince Orloff; il était composé de MM. Bérardi, Berden,
Bourson, Dubois de Nehaut, de Molinari, Guillery, Jottrand,
Thonissen, Vleminckx, Warlomont et Eug. Bourson, tous
membres et ce dernier secrétaire. Le Roi, appréciant toute
l'importance de l'œuvre, fit immédiatement souscrire la liste
civile pour une somme de 1500 francs, et Mgr le comte de

Flandre, suivant ce généreux exemple, accorda au Comité une somme de 1200 francs. Enfin, grâce au précieux appui que nous trouvâmes dans *l'Indépendance Belge* et le *Journal des Débats*, dont deux de nos collègues, MM. Bérardi et de Molinari, voulurent bien nous ouvrir les colonnes et aux démarches actives de M. le Chevalier Dubois de Néhaut, nous pûmes disposer d'une somme de près de 18,000 francs. Si nous n'avions pas eu déjà la conviction que nous avions à faire une œuvre sérieuse, ce résultat seul nous l'aurait donnée; mais à ce fait il faut en joindre d'autres : d'abord les nombreuses lettres qui nous furent adressées de toute part, nous faisant offre de service, et ensuite les témoignages de sympathie de personnes bien désintéressées dans la question et qui nous envoyaient leur obole, sous forme de billets de mille francs, de Saint-Pétersbourg, de Moscou, de Berlin, de Baden, etc., etc.

Fort de l'utilité reconnue de l'idée qu'il devait mettre à exécution et des encouragements qu'il obtenait, le Comité n'avait plus qu'à entreprendre la réalisation de son projet.

La séance du 9 mars, qui ouvre l'ère de nos travaux, posa les premiers jalons qui devaient nous conduire au but; dans cette séance, M. le docteur Guillery, notre collègue, reçut et accepta la mission de se rendre sur les lieux et de visiter les différentes localités autour de Sedan pour rendre un compte exact de l'état des choses. — C'est à la suite de ce voyage que parut le premier rapport (21 mars), auquel *l'Indépendance* et le *Journal des Débats* prêtèrent leur publicité et qui nous valut de nouvelles marques de sympathie.

Après la communication de ce rapport, le Comité décida, sur la proposition de MM. Warlomont et Berden, de s'adresser à M. le Ministre de l'Intérieur, pour qu'il priât son collègue des Travaux publics de vouloir bien mettre à la disposition de l'œuvre un fonctionnaire du corps des ponts et chaussées qui serait chargé, sous la surveillance et les avis du Comité, de la direction des travaux. — Cette demande ayant été favorablement accueillie, M. Trouet fut désigné par le Ministre et partit pour Sedan, après avoir reçu les instructions de notre honorable Président.

La ligne était tracée ; il restait à la suivre le plus sûrement et le plus délicatement possible.

Je dis délicatement, et, en effet, la position que nous voulions prendre était des plus délicates : car nous allions faire une noble concurrence au Gouvernement lui-même, en travaillant à côté des délégués qu'il avait envoyés pour le même objet et en employant un de ses fonctionnaires, sans cependant confondre en rien les travaux du Gouvernement et les nôtres et tout en conservant notre parfaite indépendance.

Et je dis sûrement, car les travaux à entreprendre exigeaient de grandes précautions hygiéniques, une habileté de direction et une surveillance constante, pour que les résultats cherchés fussent obtenus.

Ce double but a été atteint.

L'intervention de M. le Prince Orloff auprès du Gouvernement, la position qu'il a prise dans ses rapports avec lui, selon le vœu du Comité, les inspections qu'il a faites dans ses voyages vers les endroits où s'exécutaient les travaux, les relations qu'il a entretenues avec les autorités locales, pour l'accomplissement régulier de l'œuvre, ont largement contribué à notre succès.

Grâce à M. Trouet, dont on ne saurait trop louer le dévouement et l'intelligence, les travaux sont heureusement terminés.

Près de 350 fosses, contenant plus de 10,000 cadavres, ont été désinfectées, et les territoires de Sedan, Mouzon,

Bellevue, Torry, Claice, Iges, Saint-Menges, Donchéry, Villers, Frenois et d'autres qui étaient un danger pour la salubrité publique, ont été complétement assainis. — La Meuse a été draguée avec soin dans les endroits suspects, et les cadavres qu'on en a retirés ont été enfouis de manière à leur enlever toute nuisible influence.

Tous ces travaux n'ont pas duré moins de trois mois ; ils ont exigé 1,500 journées d'ouvriers, le remaniement de plus de 12,000 mètres de terre et l'emploi de grandes quantités de matières désinfectantes.

Les recettes de l'œuvre se sont élevées à la somme de . . . . fr.   17,388 50

Les dépenses, dont le détail vous sera soumis, ont été de 13,429 02

Différence. . .   3,959 48

Vous voyez que les dépenses sont restées au-dessous de la somme que la générosité publique avait mise à notre disposition et cependant, tout ce qu'il était nécessaire de faire a été fait : une sage économie n'a pas été un obstacle à l'accomplissement complet de nos travaux.

Le Comité sera appelé à dire l'emploi qu'il conviendra de faire de l'excédant.

Ici se termine ma tâche, Messieurs, et je crois être l'organe du Comité tout entier en exprimant le désir que notre honorable Président soit chargé d'adresser au Gouvernement nos remerciements pour le concours qu'il a bien voulu nous prêter ; que M. le Prince Orloff, qui a pris une part si grande et si active à notre entreprise, soit l'objet de notre reconnaissance et qu'enfin, M. Trouet soit justement félicité sur le succès de ses travaux.

Le Secrétaire Rapporteur,
BOURSON.

Rapport de M. ALBERT BRUN, Sous-Préfet

de Sedan.

Monsieur le Préfet,

J'ai l'honneur de vous envoyer mon rapport sur l'assainissement des Ardennes.

Désirant arriver à faire un travail aussi sérieux et aussi complet que possible, j'ai dû en retarder la rédaction jusqu'au moment où les opérations des délégués du Gouvernement belge et du Comité Orloff fussent terminées sur les deux rives de la Meuse.

Selon les instructions que vous me donnâtes le jour où j'eus l'honneur d'être installé par vous à Mézières, et comprenant l'importance immédiate de l'assainissement dont se préoccupait depuis longtemps votre sollicitude pour vos concitoyens, je me mis à l'œuvre aussitôt après mon arrivée à Sedan.

Mon premier soin fut de régulariser officiellement la position que prétendaient avoir auprès de moi plusieurs délégués du Gouvernement belge, dont le Comité, en proie à des dissensions intestines, occasionnées par des motifs d'amour-propre et d'émulation, était menacé d'une dissolution certaine.

Je reconnus bientôt que M. le docteur Lante était le seul chef officiel du Comité; il était porteur d'une commission délivrée par le Ministre des Affaires étrangères du Roi des Belges, et je le reconnus donc comme son seul représentant. MM. Créteur, chimiste, spécialement désigné pour les opérations de crémation, et Michel, ingénieur, pour la direction des travaux de génie rural et l'exécution des tumuli sur la rive droite de la Meuse, étaient sous ses ordres.

Cette régularisation de la délégation royale belge à Sedan, l'équipe de douze ouvriers que je fis mettre à sa disposition, d'accord avec la municipalité dont l'empressement ne se démentit pas un instant, la lettre que j'écrivis au Ministre des Affaires étrangères à Bruxelles, pour le prier de revenir sur la décision qu'il avait déjà prise de dissoudre la délégation, décision sur laquelle il revint par une réponse très-courtoise, en date du 29 avril, permirent enfin à ce Comité de commencer son œuvre.

En même temps arrivait aussi à Sedan M. l'ingénieur Trouet, représentant dûment accrédité du Comité particulier présidé par Son Excellence le prince Orloff, ancien Ministre de Russie, à Bruxelles. La désinfection de la rive gauche de la Meuse lui fut assignée et, de son coté, il se mit aussitôt à la besogne (1).

---

(1) Deux procédés furent immédiatement discutés par les membres des Comités pour arriver à empêcher les miasmes cadavériques de se produire, car il n'y avait pas de temps à perdre.

Le premier, radical et coûteux, il est vrai, mais certain, consistait à détruire la cause même des gaz pestilentiels en brûlant les cadavres d'hommes et de chevaux. M. Créteur, chimiste belge distingué, appuyait et avec raison énergiquement l'emploi de ce procédé, dit crémation. Tous les hommes compétents étaient rangés de son avis.

Le second moyen proposé, moins coûteux peut-être, mais plus incertain, rentrait dans la coutume qui préside généralement aux sépultures modernes. Il consistait à élever des tumuli d'une hauteur plus considérable que celle prescrite par les règlements de la police des cimetières et dans de sérieuses conditions de solidité. Ces tumuli, véritables ouvrages de génie rural, dont les plans furent donnés par deux ingénieurs belges de mérite, MM. Michel et Trouet, devaient remplacer les fosses nombreuses, à peine recouvertes, creusées à la hâte et sans précaution au

Sur ces entrefaites, émues par des considérations qu'il serait inopportun d'examiner ici, les autorités militaires allemandes, en général, et celles de la Bavière, en particulier, se préoccupant de certaines coutumes religieuses nationales et du culte des morts selon les rites de l'église catholique, manifestèrent leur intention formelle de s'opposer à la crémation des cadavres de leurs compatriotes tués en nombre considérable à Bazeilles, à Balan et à Givonne

Je ne vous cacherai pas, Monsieur le Préfet, que, d'après d'honorables savants dont je partage complétement l'opinion, la crémation, c'est-à-dire l'opération qui consistait à brûler les morts de Beaumont à Illy, au moyen de substances inflammables, sur un parcours de plus de 50 kilomètres, était, selon moi, le seul moyen énergique et sûr, non pas d'assainir (expression trop vague et peu scientifique dans l'espèce), mais de désinfecter radicalement mon arrondissement. Ce fut aussi, je dois le dire, le vœu exprimé tout d'abord par les hommes distingués qui composent le Comité d'hygiène de Sedan.

Ces susceptibilités respectables, invoquées par les autorités militaires allemandes, donnèrent lieu à des pourparlers entre elles et moi. Ces pourparlers retardèrent encore les opérations d'assainissement, mais je fus bientôt assez heureux pour faire concorder ces exigences inattendues avec les prescriptions de la circulaire ministérielle du 1er avril, que les Comités belges devaient suivre à la lettre. Il fut même convenu que les cadavres des chevaux seraient brûlés. Le chimiste Cré-

lendemain des sanglants combats des 30, 31 août et 1er septembre de Beaumont à Illy.

La science venait, en outre, porter son concours à l'efficacité restreinte de ce procédé, en indiquant l'emploi, par couches étendues dans l'intérieur des tumuli, de certains désinfectants devant neutraliser les gaz dégagés par les matières animalisées ammoniacales, c'est-à-dire en décomposition, et modifier chimiquement ces mêmes matières.

teur procéda alors en personne à ces crémations importantes, sur les plateaux de Floing et d'Illy.

Afin de me conformer cependant aux prescriptions de la circulaire du Ministre de l'Agriculture, et pour que les travaux du Comité belge fussent exécutés suivant le vœu du Gouvernement français, je convoquai de nouveau le Conseil d'hygiène de Sedan. J'admis à l'une de ses plus importantes séances MM. Lante et Trouet : ils y exposèrent l'ensemble de leurs procédés.

Les explications que ces messieurs nous présentèrent, les moyens dont ils préconisèrent l'emploi, furent jugés presque identiques (la crémation étant éliminée) aux indications déjà fournies le 2 mars par] l'honorable Président du Conseil, M. Lamotte, et affichées à cette époque dans toutes les communes de l'arrondissement.

En conséquence, il fut arrêté, après communication donnée au Commandant de place allemand : 1° que les exhumations étaient désormais formellement interdites ; 2° que seules, les tombes ne renfermant qu'un cadavre pourraient être ouvertes, qu'on en retirerait au besoin le corps réclamé par les familles françaises ou allemandes, et cela, avec une autorisation spéciale, exclusivement délivrée par le sous-préfet de Sedan ; 3° que les fosses existantes, creusées à la hâte aux premiers instants qui suivirent la fin des combats, ainsi que les charniers, devaient être remaniés de fond en comble et remblayés d'une couche de terre d'au moins 1^m,20 de hauteur. Cette quantité serait augmentée suivant la largeur et la longueur des tumuli. Dans l'intérieur de la masse du remblai, et par intervalle, on étendait des couches de chaux vive d'une épaisseur de 10 à 20 centimètres ; 4° que la surface des tumuli serait ensemencée de graines de plantes avides de principes azotés ; 5° qu'au cas où l'on se verrait forcé d'exposer des cadavres, totalement ou partiellement, au contact de l'air, ils devraient immédiatement être recouverts d'une couche de poussière de charbon de bois mélangé d'une solution d'acide phénique ou de sulfate de fer. Le Comité Orloff remplaçait ces substances par un engrais à base de naphtaline et d'acide phénique, appelé du nom de son inventeur, fournisseur des cimetières de Paris : *désinfectant Peyrat* ; 6° qu'une rigole destinée à empêcher la stagnation des eaux et assurer leur écoulement, devait entourer les tumuli.

Ces mesures, approuvées à l'unanimité par les membres des Comités et du Conseil d'hygiène que je présidais, furent immédiatement mises en pratique sur toute l'étendue des champs de bataille des douze communes de l'arrondissement de Sedan, théâtres des événements sanglants de 1870.

Les travaux commencèrent donc avec zèle et activité, à partir du 26 avril. Le 5 mai, je visitai avec soin toute l'étendue des champs de bataille qui commence à l'Argonne jusqu'à Bazeilles. L'assainissement n'avait pas encore commencé à Beaumont, où des miasmes infects empestaient l'atmosphère, surtout vers la plaine côtoyant l'orée de la forêt de Belval à l'endroit même où le corps du général du Failly surpris, avait été si cruellement éprouvé. Mais, dans ma deuxième tournée en compagnie du Prince Orloff, vers le milieu de mai, tous les tumuli de la commune de Beaumont étaient terminés (1).

« Sous-Préfet à Préfet, Mézières.

(1) « J'ai accompagné hier Son Excellence le Prince Orloff avec M. le docteur Guillery, membre délégué du Comité du Prince, dans son inspection de l'assainissement de la Meuse ; d'après les renseignements que j'avais déjà pris dans ma dernière tournée à Mouzon, j'ai pu indiquer les points principaux de la Meuse à désinfecter, ce qui est l'essentiel pour le Comité que préside le Prince. Nous avons découvert environ onze cadavres en aval de l'écluse de Mouzon : deux ont été extraits devant nous ; on leur a rendu les honneurs de la sépulture. Ce matin est arrivé ici M. Peyrat, inventeur d'un désinfectant instantané, qui, de concert avec l'ingénieur Trouet, va

Dans une troisième inspection récente du canton de Mouzon, j'ai eu la satisfaction de m'assurer que tout danger était écarté.

Il existe dans ce canton des travaux très-considérables. Sur la droite de Beaumont, par exemple, on remarque principalement un charnier dit de la Chapelle St-Jean Baptiste, contenant environ 700 cadavres qui fait réellement honneur au directeur des travaux du Gouvernement belge, M. Michel.

Cet ingénieur intelligent a fait d'ailleurs exécuter dans le canton de Mouzon 353 tumuli, mesurant une superficie de de 2,777^{mc},65.

Dans la commune de Floing que M. Michel a aussi assainie, le nombre des *tumuli* s'élève à 526, mesurant une superficie de 6,102^{mc},60.

Dans cette commune, le chiffre des charniers contenant des chevaux et bestiaux est plus important qu'à Beaumont; car ce fut sur le plateau de Floing qu'au moment suprême où la bataille de Sedan était perdue, de braves régiments de cavalerie légère, 1er hussards, 4me chasseurs d'Afrique, chargèrent héroïquement, mais inutilement, les masses profondes allemandes et couvrirent le plateau de leurs morts.

Tandis que l'assainissement de la rive droite de la Meuse s'accomplissait avec une célérité relative, les travaux de la rive gauche, confiés au Comité Orloff, ne discontinuaient pas, mais allaient plus lentement. Je crois pouvoir vous expliquer

---

procéder à l'exhumation des corps que nous n'avons pu tous extraire du fleuve. Samedi prochain, les travaux généraux d'assainissement seront sans doute terminés, et comme nos documents seront probablement complets, je vous adresserai mon grand rapport sur cet important travail. A cette heure, j'ai complétement inspecté tous les champs de bataille de Beaumont à Illy ; tout était en bon état.

» *(Signé)* A. BRUN. »

ce retard, monsieur le Préfet, en vous disant que, du côté de cette rive du fleuve, les fosses étaient non moins nombreuses, mais plus largement et capricieusement disséminées. Il fallait presque les découvrir et, par conséquent, employer beaucoup plus de temps qu'à Beaumont et ailleurs, où elles étaient, pour ainsi dire, pressées les unes contre les autres.

Néanmoins, si les travaux de M. Trouet marchèrent avec plus de lenteur, ils n'en furent pas moins intéressants et considérables, à cause de certains incidents auxquels ils donnèrent lieu. C'est ainsi que de Mouzon (rive gauche) à Wadelincourt, il dut explorer tout le cours de la Meuse et faire des perquisitions minutieuses dans son lit, afin de retrouver les nombreux cadavres que la rumeur publique affirmait y avoir été déposés, soit par l'armée allemande, dans le but de déguiser ses pertes énormes (principalement au pont du chemin de fer de Bazeilles), soit par les inondations de l'hiver et du printemps, ayant entraîné des corps enfouis précipitamment dans les prairies longeant le fleuve, prairies desséchées pendant l'été à l'époque des événements d'août et septembre. Du 13 au 31 mai, sur des indications qui m'avaient été fournies par M. Hulme, adjoint au Maire de Mouzon, M. Trouet put extraire de la Meuse, en aval de l'écluse de Mouzon, au lieu dit la *Lingue,* et en ma présence, 16 cadavres français en pleine décomposition.

Je tiens à vous citer ce fait, monsieur le Préfet, pour qu'il soit justement constaté que c'est grâce à des recherches pratiquées par l'administration française au moment de l'arrivée du Comité Orloff à Sedan, que les délégués de ce Comité ont pu débarrasser le lit de la Meuse d'un très-dangereux foyer d'infection.

Je n'a pas reçu de M. Trouet un rapport semblable à celui que m'a envoyé M. Michel, mais je suis renseigné sur les travaux qu'il achève à Sedan et même dans ses environs, après avoir assaini, suivant les indications prescrites, Claire, Vilette et Torcy (1).

Pour des motifs de haute convenance que vous approuverez, je l'espère, Monsieur le Préfet, je dois vous informer qu'à la date du 5 courant, au moment du départ des délégués du Gouvernement belge, j'ai écrit au Ministre des Affaires étrangéres à Bruxelles une lettre de remercîment et d'éloges pour le zèle philanthropique dont les délégués ont fait preuve pendant près de deux mois.

Je ne saurais aussi passer sous silence, dans ce rapport général, l'initiative patriotique prise par le Conseil d'hygiène de Sedan. J'ai eu constamment à me louer de l'empressement de ses membres qui m'ont tous, à plusieurs reprises, très-affectueusement aidé de leurs lumières. Au surplus, voici le

---

(1) M. le Sous-Préfet ayant reçu, quelques jours après, le travail de M. Trouet, s'empressa d'adresser le résumé suivant à M. le Préfet des Ardennes, à la date du 24 juin :

« Monsieur le Préfet,

« M. l'ingénieur Trouet du Comité Orloff, ayant complétement terminé ses travaux d'assainissement sur la rive gauche de la Meuse, m'a remis un rapport duquel j'extrais les renseignements suivants que j'ai l'honneur de vous adresser, pour servir de complément à mon rapport général de l'assainissement des champs de bataille de l'arrondissement de Sedan.

De Mouzon à Nouvion par Sedan, Claire, Iges, St-Menges, Frenois, Donchery, Vrignes-aux-Bois, Villers-sur-Bar, Dom le-Ménil, il a été élevé 330 charniers ou *tumuli*, mesurant une superficie de 12,110 m. carrés.

A partir du 20 mai, la chaux a été remplacée par le désinfectant Payrat, dont le Comité m'a laissé une quantité d'environ 1000 kilog., qui pourront me servir au besoin et en cas d'épidémie.

27 cadavres humains qui avaient été inhumés dans le lit même de la Meuse, lors des basses eaux de septembre 1870, en ont été retirés, savoir : 19 à Mouzon, 2 en aval de Sedan, 2 à Donchery, 1 à Claire, 1 à St-Menges ; 4 cadavres de chevaux ont été également retirés du fleuve.

J'ai écrit à M. le Prince Orloff, à l'occasion du départ de son délégué, pour remercier au nom de mon arrondissement. »

résumé des appréciations du Conseil sur l'ensemble des travaux d'assainissement exécutés dans son ressort.

« En somme, un travail considérable a été fait parfaitement ; il offre toutes les garanties pour le présent ; mais en raison de l'immense quantité de matières putrescibles accumulées, quelques craintes surgissent pour l'avenir. On aura peut-être à regretter que la crémation n'ait pas été opérée, dans certains endroits. En résumé, la ville de Sedan et les villages des cantons sud et nord qui s'y rattachent, sont dans les conditions actuelles à n'inspirer aucune appréhension. Cependant, il y aura à surveiller l'état de ces fosses, lorsque les chaleurs seront venues. »

Les travaux terminés, Monsieur le Préfet, vous avez jugé dans votre sollicitude, qu'il fallait en assurer et garantir la conservation. C'est ce que vous avez décidé par votre arrêté devant être prochainement inséré dans le *Recueil des actes administratifs* du département, arrêté qui met désormais les *tumuli* sous la protection incessante de la loi.

Maintenant, monsieur le Préfet, après avoir si souvent visité et surveillé des champs de bataille, désormais si tristement célèbres dans nos annales, mais où, du moins, l'honneur de la France est resté intact, s'il m'est permis d'émettre un vœu, je dirai que le devoir du Gouvernement de la République française, par respect pour la mémoire de nos braves soldats, serait d'élever, dans une huitaine d'années, un vaste ossuaire à l'instar de celui de Magenta. Cette tâche lui sera facile, avec les travaux qui couvrent les champs de bataille des environs de Sedan. Il pourra ainsi recueillir pieusement les nobles cendres des défenseurs de la patrie, et inscrire sur le fronton du monument funèbre cette inscription, qui serait un enseignement pour la génération française nouvelle : « *Ils* » *sont morts autour de Sedan pour la France ; l'Éternel garde*

» *leurs âmes, et la Patrie leurs ossements, d'où sortiront un jour*
» *des vengeurs !*

Nostris ex ossibus ultores !

Recevez, monsieur le Préfet, avec l'expression de mon
respect, l'assurance de ma haute considération.

Le Sous-Préfet de Sedan,
(*Signé*) : Albert BRUN.

Le 30 mai, M. le Sous-Préfet adressa un rapport et un
projet d'arrêté à M. le Préfet sur la situation des *tumuli* et
les mesures conservatrices à prendre pour leur entretien.
Le 3 juin suivant, M. le Préfet fit paraître l'arrêté suivant,
qui complète, pour ainsi dire, la part prise par M. Albert
Brun à l'assainissement des champs de bataille des Ardennes :

« Arrêté du 3 juin 1871.

» Nous, Préfet des Ardennes,

Vu les lois des 14 et 22 décembre 1789, des 16 et
24 août 1790, 19 et 22 juillet 1791 et 18 juillet 1837 ;
Vu la circulaire ministérielle en date du 1er avril 1871 ;
Vu les divers procès-verbaux des séances du conseil d'hygiène de l'arrondissement de Sedan ;
Vu les propositions de M. le Sous-Préfet de Sedan ;
Considérant que de nombreux travaux ont été exécutés
dans plusieurs communes de l'arrondissement de Sedan,
pour parer aux inconvénients d'inhumation faites à des pro-

fondeurs insuffisantes, et qu'il importe de prescrire des mesures propres à en assurer la conservation ;

» Avons arrêté ce qui suit :

» ART. 1er. Il est formellement défendu à tout propriétaire ou fermier des terrains sur lesquels existent des
tumulus, de les labourer et d'exécuter des travaux agricoles
de nature à détruire les charniers ou les fosses.

ART. 2. Il est enjoint aux gardes champêtres et aux pos-
sesseurs de chiens, de ne pas laisser errer ces animaux sur
lesdits terrains, et de veiller activement à ce qu'ils ne puis-
sent pas dégrader ou profaner les tombes.

ART. 3. Les travaux d'assainissement sont placés sous
la protection des municipalités. Elles s'assureront, le plus
souvent possible, de l'état dans lequel ils se trouvent et
prendront, s'il y a nécessité, toutes les mesures urgentes
pour faire renouveler les gazons, relever les terres éboulées
et creuser les rigoles pour assurer, autour des *tumulus*,
l'écoulement des eaux.

ART. 4. Les propriétaires, les fermiers et les gardes
champêtres sont tenus d'informer immédiatement les municipalités, des délits constatés sur les *tumulus* ou des détério-
rations accidentelles qui pourraient s'y produire.

ART. 5. Les contraventions au présent arrêté seront
constatées par des procès-verbaux, et les délinquants pour-
suivis conformément aux lois.

ART. 6. Le présent arrêté sera inséré au *Recueil des acte
administratifs*, publié et affiché dans chacune des communes

intéressées, par les soins de MM. les Maires, qui sont char-
gés, ainsi que la gendarmerie, de veiller à ce que les prescriptions qu'il contient soient strictement observées.

Le Préfet des Ardennes,
(Signé) : TIRMAN.

Par le Préfet,
Le Sous-Préfet de l'arrondissement de Sedan,
(Signé) : Albert BRUN.

Certifié conforme,
Le Sous-Préfet et intendant militaire.
(Signé) : Albert BRUN.

Sedan, 5 octobre 187.

BATAILLE DE SEDAN 1er SEPTEMBRE 1870

(Par le Lt Colonel Vandevelde)

Croquis indiquant l'emplacement des armées allemandes le 31 Août, au soir, et la position réciproque des armées belligérantes le 1er Septembre vers 2 heures de relevée. (N° 2.)

Croquis indiquant l'emplacement des deux armées à la fin de la bataille, vers 4 heures de relevée. (N°

Français, ■
Allemands, ▒

LÉGENDE.

ARMÉE FRANÇAISE.

Commandant en chef, maréchal Mac Mahon.
Chef d'état major, général Faure.
1er corps, Ducrot.
5e id. de Failly.
7e id. Douay.
12e id. Lebrun.

(En tout environ 108 bataillons, 106 escadrons, avec 450 bouches à feu, offrant un effectif de près de 120 mille hommes.)

3e & 4e ARMÉES ALLEMANDES.

Commandant en chef, le Roi.
Chef d'état-major, général de Moltke.
3e armée, Prince royal de Prusse.
Chef d'état-major, général Blumenthal.
5e, 6e et 11e corps prussiens, 1er et 2e corps bavarois, division wurtembergeoise et une division de cavalerie de réserve.
4e armée, Prince royal de Saxe.
Chef d'état-major, général de [illegible].
La garde prussienne, 4e corps prussien, 12e corps saxon et 5e et 6e divisions de cavalerie de réserve.

L'effectif de ces deux armées s'élevait à 250 mille hommes avec environ 700 bouches à feu.

L'armée de Mac Mahon, après sa défaite à Woerth, s'était repliée par Nancy sur Châlons, où elle avait été rejointe par les 5e et 12e corps. Le 23 août, après s'être à demi refaite des pertes éprouvées dans sa retraite, elle s'était dirigée vers le Nord-Est pour se rendre au secours de Bazaine. Le 30, arrivée sur la Meuse en amont de Sedan, entre Mouzon et Remilly, son 5e corps s'étant laissé surprendre, le maréchal se décide à se replier sur Sedan, où le 1er septembre il accepte la bataille. Son ordre de combat avait la forme d'un V renversé dont l'ouverture était fermée par la Meuse et par la place de Sedan.

Le 30, le prince de Saxe, après avoir surpris de Failly à Beaumont, le poursuit vers Sedan, et le 31 on voit rassemblée son armée entre Douzy et Mouzon. Le même soir, le prince de Prusse campe son armée sur la rive gauche de la Meuse: les Bavarois en face de Bazeilles, le 11e corps [illegible], le 5e corps près de Dom le Mesnil et les Wurtembergeois à [illegible].

Le 1er septembre, de grand matin, la garde prussienne, les 4e et 12e corps et les Bavarois enveloppent l'armée française à l'Est et au Sud; les 5e et 11e corps, les Wurtembergeois et une partie de la cavalerie [illegible] l'armée française à l'Ouest et au Nord. A 2 heures, le 5e corps prussien fait sa jonction avec la garde à Illy et les Français sont enfermés dans un cercle de feu. (Croquis n° 2.)

A 4 heures, les Français sont refoulés, dans un épouvantable désordre, dans les bas-fonds autour de Sedan, où, sans pouvoir se défendre, ils sont exposés aux feux convergents des batteries allemandes et obligés de demander à capituler. — (Croquis n° 3.)

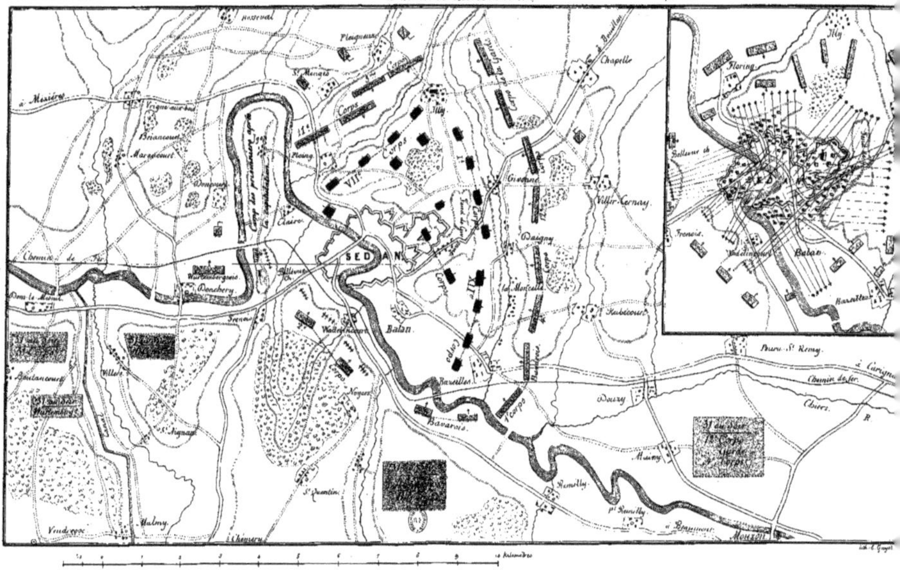

lith. C. Gauget